AF304252

Bibliografische Information der Deutschen Nationalbibliothek:
Die Deutsche Nationalbibliothek verzeichnet diese Publikation
in der Deutschen Nationalbibliografie; detaillierte bibliografische
Daten sind im Internet über dnb.dnb.de abrufbar.

Herstellung und Verlag: BoD – Books on Demand,
Norderstedt
ISBN: 9783758319068

Manfred Schläfcke

Welteinheitsreligion – ein Weg zum Weltfrieden

Inhalt

Vorwort

Literaturhinweise

Vorwort

Durch die modernen Kommunikations- und Verkehrsmittel sind die Menschen verschiedener Kulturkreise einander immer näher gerückt. Menschen, die aus ihrem Kulturkreis in einen anderen emigrieren, erleiden nicht selten einen „Kulturschock" , so zum Beispiel traditionelle Muslime, die sich in einem westeuropäischen Land mit der Vermarktung des weiblichen Körpers in der Werbung oder mit Pornoheften im Bahnhofskiosk konfrontiert sehen und mit Erschrecken registrieren, welche Freiheiten jungen Mädchen gewährt werden oder welche negativen Folgen der Konsum von Alkohol haben kann, der dem Moslem durch den Koran und in seinem Herkunftsland oft auch durch die staatliche Gesetzgebung verboten ist.

Was individuell schon Probleme mit sich bringt, wirkt sich viel schlimmer aus, wenn große Gruppen sich kulturell, und das heißt meistens auch religiös, unterscheiden, nahe beieinander leben und meinen, ihre Lebensweise sei die beste oder gar die einzig richtige, die man dem anderen aufzwingen darf oder sogar soll. Es entstehen aus kulturellen Unterschieden und Gegensätzen dann leicht Konflikte und Gewalttätigkeiten, heilige Kriege, Kreuzzüge, Völkermord, Ketzerverfolgungen, Konfessionskriege. Manch einer befürchtet auch für die Zukunft einen Kampf der Kulturen (vgl. Literaturhinweise: Huntington). Mancher meint, wir befänden uns bereits in einem derartigen Kampf (vgl. Literaturhinweise: Ulfkotte). Führende Vertreter der Religionsgemeinschaften haben zumindest die Gefahren erkannt. Sie fordern einen Dialog zwischen den Religionen bzw. Konfessionen mit dem Ziel, einander besser zu verstehen, eventuelle Vorurteile abzubauen und Gemeinsamkeiten herauszufinden. Man hofft auf diesem Wege des „interreligiösen Dialogs" dem Ziel eines Friedens zwischen den Religionen näher kommen und damit einen Beitrag zum Weltfrieden leisten zu können (vgl. Literaturhinweise: Küng).

Diese Bemühungen, meist durch Begegnungen von führenden Amtsträgern der Religionsgemeinschaften vorangetrieben, hatten jedoch auch ihre Grenzen. Denn viele im Zusammenleben störende Unterschiede und wesentliche, konfliktträchtige Gegensätze konnten dabei nicht ausgeräumt werden.

Der Verfasser des folgenden achtteiligen Essays hat neben Germanistik und Philosophie evangelische Theologie studiert, hat sich während seiner beruflichen Tätigkeit als Lehrer an Gymnasien auch mit den sogenannten „Fremdreligionen" (Judentum, Islam, Hinduismus, Buddhismus und Bahai-Religion) gründlicher beschäftigt und ist über lange Jahre zu der Auffassung gelangt, dass die Anhänger aller Religionen auch zentrale Dogmen ihrer eigenen Religion aufgeben müssen, wenn sie ernsthaft den religiösen Frieden wollen.

Ein katholischer Christ müsste sich zum Beispiel von dem Dogma von der Unfehlbarkeit des Papstes und den Mariendogmen verabschieden, ein Protestant von der Lehre, Jesus habe für die Sünden seiner gläubigen Anhänger den Tod am Kreuz erlitten, ein Jude z.B. von dem Glauben, das „Heilige Land" Palästina von der Mittelmeerküste bis über den Jordan nach Osten in den Staat Jordanien hinein (auch die Gebiete der Stämme Ruben, Gad und Halb-Manasse) stehe allein dem jüdischen Volk als sein eigenes von Gott verheißenes Land zu, ein Moslem z.B. vom Anspruch, die Scharia gelte für alle Menschen und müsse zur Not mit Gewalt durchgesetzt werden, ein Bahai z.B. von dem Dogma, das Kitab i Aqdas (das „Heiligste Buch") sei die offenbarte gesetzliche Grundlage für ca. tausend Jahre, ein Hindu von der Kastenordnung und ein Buddhist z.B. von der Lehre, die eigene leidvolle Existenz sei zum Teil durch eigene Übeltaten während der eigenen vorigen Existenz verschuldet.

Der interreligiöse Dialog sollte als Ziel eine **Welteinheitsreligion** anstreben, in der der Kern aller Religionen, das Liebesgebot, die Grundlage ist und in der die vielen religiösen Irrtümer der historischen Religionen nicht mehr enthalten sind. Dieser Weg ist sicher für sehr viele Menschen mit Abschiedsschmerzen verbunden, aber er wird belohnt mit einer neuen spirituellen Freiheit und dem zunehmenden Bewusstsein, dass alle Menschen im Geiste der Liebe und des Friedens verbunden werden können. Ein Kampf der Kulturen lässt sich am ehesten vermeiden, wenn der Weg der religiösen Kritik und Selbstkritik vernunftgemäß konsequent zu Ende gegangen wird. Hierzu soll der folgende Essay mit Blick auf das Christentum ein Beitrag sein.

Manfred Schläfcke

Liebe

Ansatzpunkt meiner Überlegungen, die der Aufklärungsbewegung verbunden sind, liegt in der Ethik, genauer gesagt, im Liebesgebot:
„Liebe deinen Nächsten wie dich selbst."(Mt 19,19)

Der deutsche Begriff **„Liebe"** ist mehrdeutig. Die alten Griechen waren etwas besser dran, denn statt des einen Wortes „Liebe" hatten sie zwei Begriffe: Eros (die begehrende Liebe) und Agape (die wohlwollende, tätige, dienende Liebe)[1].
Dort, wo im Neuen Testament das Liebesgebot steht, ist im griechischen Urtext immer von Agape die Rede. Und so muss auch das ins Deutsche übersetzte Liebesgebot verstanden werden.
Das Liebesgebot lautet nicht: Liebe deinen Nächsten, nicht aber dich selbst. Dieses wäre die Forderung extremer Selbstlosigkeit (Altruismus). Selbstliebe wird im Liebesgebot als selbstverständlich vorausgesetzt und als gut angesehen, allerdings nicht als oberster Grundsatz unseres Handelns. Denn dann würde ich nur mich selbst lieben (Egoismus).
Das Liebesgebot fordert von uns, einen Mittelweg zu gehen, nämlich unserem Nächsten ebenso wohlgesonnen zu sein **wie uns selbst** und danach zu handeln

---

[1] Kant nennt letztere die „praktische Liebe" (Kritik der praktischen Vernunft, S.97)

(Humanismus).[2] Wenn z.B. jemand in Not ist, wie in der Geschichte vom barmherzigen Samariter (Lk 10,29-37) der am Straßenrand liegende, von Räubern halbtot geschlagene Mann, muss ihm geholfen werden. Der Samariter tut das, was er sich anstelle des hilfsbedürftigen Mannes selbst wünschen würde, er leistet erste Hilfe, nimmt auf seinem Reittier den Mann mit in die nächste Herberge und pflegt ihn. Am darauffolgenden Tag seiner Weiterreise überlässt er die Pflege dem Wirt und übernimmt die dadurch entstehenden Kosten.

Der **Nächste** ist der Mensch, mit dem man im Alltag oder in besonderen Situationen zu tun hat. Zu tun haben Menschen miteinander aber nicht nur direkt bei persönlicher Begegnung, sondern heute viel häufiger als früher auch indirekt. So haben wir z.B. im beruflichen Leben eine Verantwortung allen gegenüber, für die wir arbeiten, auch wenn wir sie häufig gar nicht kennen. Liebe deinen Nächsten wie dich selbst bedeutet dann, dass man seine Arbeit für andere so tun soll, wie man es sich auch von anderen wünscht, wenn diese beruflich für einen selbst arbeiten. Das gilt heute in hohem Maße auch international, denn die modernen Verkehrs- und Kommunikationsmittel verbinden alle Nationen und Erdteile miteinander. Die Staaten der Welt sind wirtschaftlich, politisch und kulturell einander immer

---

[2] Die Formulierungen „Was du nicht willst, das man dir tu, das füg auch keinem andern zu." und „Alles, wovon du willst, dass andere es dir tun sollen, das tue du auch ihnen."(vgl. Luk 6,31) drücken den gleichen Grundgedanken aus.

näher gerückt, ja miteinander immer stärker verflochten. Viele Probleme lassen sich heute nur durch weltweite internationale Zusammenarbeit bewältigen. **Jeder Mensch, auch der in räumlicher Ferne, kann so mein Nächster sein oder werden,** und für ihn bin ich mitverantwortlich. Im weitesten Sinne gilt es sogar im Hinblick auf vergangene und künftige Generationen.

Wenn alle Menschen vom privaten Umfeld über die Bereiche des Berufes und des öffentlichen Lebens bis hin zum globalen Miteinander nach dem Liebesgebot leben würden, gäbe es wesentlich weniger menschliches Leid: Es gäbe viel öfter echte, persönliche Freundschaft. Es gäbe viel weniger Ehescheidungen. Die Kinder würden meistens in liebevollen Familien aufwachsen. Das Betriebsklima in den Firmen wäre besser. Es gäbe keine Kriminalität. Die Politik wäre überall in der Welt Dienst zum Wohle der Menschen. Es gäbe weder Rassenhass noch Nationalismus. Die Menschenrechte würden überall respektiert werden. Es gäbe keine Kriege, kein davon ausgelöstes Flüchtlingselend, und keiner müsste wegen Nahrungsmittelmangels sterben. Trotzdem würden sicherlich noch weiterhin, wenn auch in viel geringerem Umfang, Not und Schmerz übrigbleiben, z.B. durch Naturkatastrophen, Unfälle, Krankheit und Tod. Die Welt wäre dann also immer noch kein Paradies, aber doch in einem Zustand, der den Namen Frieden verdiente. **Liebe führt zum Frieden.**

Das Liebesgebot gilt für **alle** Menschen, **jederzeit** und **überall**. Es gilt - wie Kant es ausdrückt - mit unbedingter Notwendigkeit.[3] Kein Bereich menschlichen Lebens ist davon ausgenommen. Kein Mensch kann davor weglaufen. Selbst dann, wenn wir die Stimme der Liebe in uns zu verdrängen versuchen, lebt sie in uns weiter, und sei es nur als das undeutliche Gefühl, das Wesentliche zu versäumen. Sie macht uns, wenn wir ihr folgen, schrittweise zu humaneren Menschen, sie ist für uns der „höchste geistige Wert", religiös gesprochen ist sie die „Stimme Gottes" (vgl. dazu die Formulierungen in Joh 4,24 „Gott ist Geist" und in 2.Kor 13,11 „der Gott der Liebe und des Friedens").

Daher findet sich im Neuen Testament auch das doppelte Liebesgebot:
„Du sollst den Herrn, deinen Gott, lieben aus deinem ganzen Herzen und mit deiner ganzen Seele und mit deiner ganzen Kraft und mit deinem ganzen Denken" und „deinen Nächsten wie dich selbst".(Lk 10,27f)

Hier liegt der Kern dessen, was aufgeklärte Religion im Sinne des bedeutendsten deutschen Philosophen Immanuel Kants ist.[4] Sie stimmt so weit mit der Lehre des historischen Jesus[5] überein.

---

[3] in: Grundlegung, S.37
[4] Kant meint: „ ... der Inbegriff ... all unserer Pflichten überhaupt als göttlicher Gebote ... ist Religion"(Streit der Fakultäten, S.31).Vgl. auch in: Die Religion..., S. 178f.

Der Mensch ist nicht das einzige leidensfähige Lebewesen. Tiere können Lust und Schmerzen empfinden wie wir. Wer sich in seinem Innersten prüft, wird zum Ergebnis kommen, dass eine Ethik, die nur das Verhältnis zwischen Mensch und Mitmenschen betrifft, unvollständig ist. Auch Tiere verdienen unsere Rücksicht und Hilfe.

Im Umgang mit Haustieren ist es schnell einzusehen.[6] Wer z.B. seinen Hund irgendwo aussetzt, um sich nicht mehr um ihn zu kümmern, gilt allgemein als gefühlsroh. Menschen, die Hunde oder Katzen schlachten und essen, erscheinen Europäern als grausam oder pervers.

Aber was ist z.B. mit Rindern, Schweinen, Hühnern usw.? Sind sie einfach nur als „Produkt" der Landwirtschaft und Rohmaterial für unsere Ernährung zu betrachten? Für die meisten Hindus ist es selbstverständlich, dass sie kein Fleisch essen. Es gibt auch manchen Europäer, der Vegetarier geworden ist, z.B. Albert Schweitzer und Albert Einstein. Das bedeutet aber nicht, dass alle Tiere friedlich leben könnten, wenn alle Menschen Vegetarier würden. Das tierische Leben in freier Wildbahn läuft seinen eigenen Gesetzen entsprechend ab. Marienkäfer werden weiter Blattläuse töten und fressen, Meisen Raupen, Eulen

---

[5] Mit der Formulierung „historischer Jesus" ist der **Mensch** Jesus, wie er nach heutigem Wissensstand auf Erden gelebt hat, gemeint, und zwar unabhängig von allen Legenden und Dogmen, die über ihn nach seinem Tode erdacht worden sind.

[6] vgl. „ Der Gerechte erbarmt sich seines Viehs."(Spr 12,10)

Mäuse, Löwen Zebras usw., auch wenn Menschen es brutal finden. Es gibt auch Tiere, die den Menschen gravierenden Schaden zufügen können. Hier werden Menschen sich schützen dürfen, zur Not auch, indem sie diese Tiere töten, z.B. wenn es sich um gefährliche Krankheitserreger oder aggressive Kampfhunde handelt. Und es gibt auch Tierarten, die sich wegen Fehlens natürlicher Feinde zu stark vermehren würden, wenn sie nicht durch Jagd daran gehindert würden. Wenn z.B. in Deutschland nicht jedes Jahr mehr als 300000 Wildschweine abgeschossen würden, würde innerhalb weniger Jahre der Landwirtschaft erheblicher Schaden entstehen.

Viel Leid ergibt sich für Menschen und Tiere aus der Zerstörung oder aus starker Beeinträchtigung der Lebensräume, z.B. des tropischen Regenwalds durch großflächige Brandrodung oder ganzer Kulturlandschaften durch radioaktive Verseuchung (Tschernobyl). Der Mensch hat die Verantwortung, dafür zu sorgen, dass die Erde mit Luft, Wasser, Boden und Pflanzenwelt als Lebensraum für Mensch und Tier erhalten bzw. gestaltet wird. Auch diese Forderung gilt unbedingt. Sie ergibt sich aus der Menschen- und Tierliebe. Je mehr Macht die Menschheit durch Wissenschaft und Technik hat und je zahlreicher sie wird, desto wichtiger wird auch die „Umweltliebe".

2 Schuld

Die Stimme Gottes in uns zeigt uns nicht nur positiv, was wahrhaft menschliches Leben ist. Sie klagt uns auch als schlechtes Gewissen an, wenn wir Schlechtes tun bzw. das Gute zu tun versäumen, ja auch schon, wenn wir schlechte Gefühle bzw. Gedanken (z.B. der Rache, der Missgunst, der Habgier) hegen. Schuld oder, religiös gesprochen, Sünde entsteht überall dort, wo Menschen sich nicht von der Liebe leiten lassen.

So reden wir heute oft von Umweltsünden, z.B. bei der Einleitung von Giftstoffen in Flüsse, bei starker Verunreinigung der Luft durch Abgase, bei Versäuerung des Bodens durch sauren Regen, bei der Vernichtung wertvoller Biotope, bei der Zerstörung der Ozonhülle. Je gründlicher man über die Zusammenhänge nachdenkt, desto deutlicher wird einem, dass z.B. durch hohe Konsum- und Besitzansprüche und durch den Wunsch nach großer Mobilität viele Menschen direkt oder indirekt, mehr oder minder Mitverursacher der Umweltschäden sind. So kann das „Umweltgewissen" uns bereits anklagen, wenn wir unnötig Auto fahren.

Entsprechendes gilt für den Umgang mit der Tierwelt. Tierquälerei bzw. mangelnde Ehrfurcht vor dem tierischen Leben liegt vor z.B. bei der Haltung von Hühnern in Legebatterien bzw. beim Abschlachten von jährlich über fünfzig Millionen Schweinen allein in Deutschland. Wer seine Mitschuld daran vermindern will, kann seine Konsumgewohnheiten ändern, also z.B. Hühnereier nur noch kaufen, wenn sie aus Boden- oder Freilandhaltung stammen, bzw. er kann vollständig auf landwirtschaftlich erzeugtes Schweinefleisch verzichten. - Mit anderen Tierarten könnte man fortfahren.

Größer noch wird das Entsetzen, wenn man erfährt, zu welchen Massenmorden Menschen fähig sind, wie viele Massenvernichtungswaffen produziert wurden und gelagert werden, dass sogar welche zum Einsatz gekommen sind (Hiroshima und Nagasaki) und bisher immer noch nicht ausgeschlossen werden kann, dass auch in Zukunft welche zum Einsatz kommen werden. Habgier führt zum Diebstahl, zu Einbrüchen, Raubüberfällen, Wirtschaftskriminalität und sogar zum Mord bzw. zum Krieg. Menschen werden ausgebeutet von anderen Menschen. Der Reichtum weniger Menschen wird immer größer, während andere unter dem Existenzminimum dahinvegetieren oder gar verhungern. Kinder werden misshandelt und missbraucht, Frauen vergewaltigt und zur Prostitution gezwungen. Ehen und Familien werden zerstört. Es gibt auch Menschen, die sich selbst zugrunde richten, z.B. durch Drogenkonsum. Diese Reihe kann man noch lange fortsetzen. Aber nicht erst die großen Sünden, sondern schon die kleinen, z.B. eine taktlose Bemerkung oder mangelnde Dankbarkeit, verursachen ein schlechtes Gewissen, wenn man zur Besinnung kommt.

Im Umgang mit anderen Menschen, mit uns selbst, mit Tieren und der Umwelt werden wir alle mehr oder minder schuldig oder mitschuldig, wenn nicht durch Denken und

Tun des Schlechten, dann durch Unterlassen des Guten (z.B. der Hilfe, wenn sie nötig ist).

Wie geht man mit den Schuldgefühlen um?
Man kann versuchen, Schuldgefühle zu verdrängen. Man kann auch von der eigenen Person ablenken, indem man schlecht über andere redet oder sie angreift. Aber wenn man sich und anderen nichts vorlügen will, darf man der Schuldfrage nicht ausweichen und muss dann zunächst einmal bei sich selbst anfangen: „ ... ziehe zuerst den Balken aus deinem Auge, und dann magst du zusehen, dass du den Splitter aus deines Bruders Auge ziehst."(Mt 7,5)

Das ist ein schmerzhafter Prozess. Was wir vorher als sinnvoll und Quell der Lebensfreude angesehen haben, erscheint uns nun vielleicht als fragwürdig. Liebgewordene Gewohnheiten müssen eventuell aufgegeben werden. Es tun einem Tiere und Menschen leid, denen man direkt oder indirekt Schlechtes angetan hat. Man fühlt sich als Versager oder verabscheut sogar sich selbst. Man kann in Depressionen versinken. Ein Trost ist aber auch dabei: Einsicht ist der erste Schritt auf dem Wege zur Besserung . Dieser Weg der an unserer inneren Stimme der Liebe orientierten Selbstprüfung, Schulderkenntnis, Reue und Besserungsbemühung heißt in der religiösen Sprache „Umkehr"(Buße). Was wird dann aus unseren Schuldgefühlen?

3 Vergebung

Jeder wird in seinem Leben irgendwann seinem Nächsten gegenüber schuldig. Wer seine Tat bereut, für den gibt es kein schöneres Geschenk als die Verzeihung (religiös gesprochen: die Vergebung) durch denjenigen, dem man wehgetan hat.

Was ist aber, wenn der andere uns nicht vergeben kann oder will? Oder was ist, wenn wir indirekt schuldig werden an Menschen, die wir gar nicht kennen? Und was ist im Fall einer Schuld Tieren oder der Umwelt gegenüber? Bleiben wir in solchen und ähnlichen Fällen auf unseren Schuldgefühlen sitzen?

Wenn wir unsere innere Stimme der Liebe befragen, sagt sie uns immer, wir sollen reuigen Sündern, die uns gegenüber schuldig geworden sind, vergeben. Nach dem Liebesgebot dürfen wir nun aber - wie die anderen - auch uns selbst lieben, also, **wenn wir den anderen vergeben haben, auch uns selbst vergeben**, nicht aus eigener Selbstherrlichkeit heraus, sondern weil Gott es in seinem Liebesgebot so will. Das bedeutet, dass wir es „in seinem Namen" tun, und das bedeutet letztendlich, dass er selbst uns vergibt.[7]

---

[7] Auch der historische Jesus muss so gedacht haben: „...wenn ihr den Menschen ihre Verfehlungen vergebt, wird euer himmlischer Vater euch auch vergeben. Wenn ihr aber den Menschen nicht vergebt, wird euer Vater eure Verfehlungen auch nicht vergeben." (Mt 6,14)

Vergebung ist nicht nur denen gegenüber liebevoll, die eine Sünde bereut und nicht wiederholt haben, sondern auch denen gegenüber, die ihre Übeltaten noch nicht bereuen, weil ihnen ihre Schuld nicht bewusst ist[8], oder auch denen gegenüber, die ihre Sünde zwar erkennen, aber zu schwach sind, sich auch dementsprechend schnell zu ändern[9]. Vergebende Geduld mit anderen ist eine wichtige Forderung des Liebesgebots. Wenn wir diese Geduld aufbringen, dürfen wir sie nach dem Liebesgebot und also „in Gottes Namen" auch mit uns selbst haben, was letztlich bedeutet, dass Gott uns vergibt.

Ich denke, irgendwann - vielleicht auch erst nach dem leiblichen Tode - wird jeder Mensch seine eigene weitreichende Vergebungsbedürftigkeit erkennen. Jeder wird spätestens dann auch gern bereit sein, jedem anderen und schließlich auch sich selbst zu vergeben. Gott wird so am Ende allen vergeben. Das entbindet aber nicht davon, sich auch um die Vergebung der Menschen zu bemühen, denen man Übles angetan hat.

Vergebung und Dankbarkeit sind Liebespflichten auch vergangenen Generationen gegenüber. Das gilt für die

---

[8] Vgl. die Bitte Jesu am Kreuz, seinen Peinigern zu vergeben: „Vater, vergib ihnen, denn sie wissen nicht, was sie tun." (Lk 22,34)

[9] „Da trat Petrus hinzu und sagte zu ihm: Herr, wie oft soll ich meinem Bruder, der wider mich sündigt, vergeben? Bis siebenmal? Jesus sagte zu ihm: Ich sage dir: Nicht bis siebenmal, sondern bis 77mal."(Mt 18,21f)

eigene Familie, aber auch für alle anderen Menschen, die für unser Leben negativ oder positiv bedeutsam waren und noch sind. Anders ist auch ein gesundes Verhältnis zur Geschichte nicht möglich.

Vergebung als Forderung und Geschenk Gottes an den Menschen hat im Liebesgebot also eine völlig ausreichende Grundlage. Menschenopfer, Tieropfer und andere Opfergaben sind daher völlig unnötig, um Gott gnädig zu stimmen, ja sie lenken geradezu von der **einzigen Bedingung** ab, die Gott an den stellt, der die göttliche Vergebung sucht: Vergib deinen Mitmenschen! Was haben Menschen nicht sonst noch alles ersonnen, um die Vergebung ihrer Sünden durch Gott zu erlangen: Fasten, Wallfahrten, Selbstkasteiungen, spezielle Gebete, Sakramente, Gebetsfahnen und vieles andere mehr: Alles überflüssig! Hier könnten alle Religionen drastisch vereinfacht werden.

Vergebung heißt aber nicht, dass man alle Übeltaten geschehen lassen und ertragen soll. Menschen, die z.B. unter besonders hohem Sicherheitsrisiko leben, also z.B. Regierungsmitglieder, müssen durch Leibwächter geschützt werden. Aber auch „ganz normale" Menschen, insbesondere Kinder, Frauen, alte Leute, müssen z.B. vor Gewalttaten geschützt werden, denn sonst wäre man ihnen gegenüber unbarmherzig. Und wer das akzeptiert, wird sich nach dem Liebesgebot auch selbst schützen dürfen, wenn andere es nicht tun und er selbst die Möglichkeit dazu hat. Er muss sich nicht alles gefallen lassen, Notwehr ist erlaubt.[10]

Die Liebe gebietet aber, auf Rache und Vergeltung nach dem Grundsatz „Auge um Auge, Zahn um Zahn", „Leben um Leben" (vgl.2.Mos 21,23f) zu verzichten. Übeltaten können nicht durch Vergeltung mit einem gleichen oder als gleich schlimm angesehenen Übel gesühnt werden. Ein Mord lässt sich nicht durch die Todesstrafe aus der Welt schaffen.

Die Androhung von (gegenüber dem harten Vergeltungsstrafrecht) **milderen (!)** Strafen bleibt dennoch sinnvoll, um potentielle Kriminelle z.B. vom Mord oder von schwerer Körperverletzung abzuschrecken. Auf die **Abschreckung als Schutz für potentielle Opfer** kann nicht verzichtet werden. Wenn die Tat trotzdem geschieht, kann die Allgemeinheit gegen eine Wiederholung der Straftat durch eine zeitlich begrenzte (eventuell durch eine lebenslängliche) Haftstrafe geschützt werden. Bei leichteren Straftaten, z.B. Diebstahl, kann auch statt einer Haftstrafe eine spürbare Geldstrafe oder eine gemeinnützige Arbeit auferlegt werden. Eine

---

[10] Verzicht auf Gegengewalt kann zwar in vielen Situationen sehr klug sein. Daraus in Anlehnung an Mt 5,39 ein allgemeingültiges Prinzip zu machen, ist jedoch unvernünftig. Jesus hat es auch nicht getan, sonst wäre seine Aufforderung an seine Jünger, sich ein Schwert zu kaufen (Lk22,36), unsinnig gewesen.

Strafe soll gleichzeitig für den Täter ein **„Denkzettel"** sein, d.h. ein Versuch, den Täter zur Selbstprüfung, Schulderkenntnis und Reue zu veranlassen. Bei diesen milderen Strafen wird auch mit berücksichtigt, dass Straftäter z.T. durch Übeltaten anderer, durch mangelnde positive Vorbilder usw. zu dem geworden sein können, als was sie vor Gericht stehen. Das gilt insbesondere für Minderjährige. Schließlich kann im Zusammenhang mit den Strafen bei der (weiteren Straftaten vorbeugenden) **Resozialisierung** geholfen werden. Die Berufe von Polizisten, Richtern[11], Anwälten, Strafvollzugsbeamten, Bewährungshelfern u.ä. sind bei solcher Rechtsauffassung ehrenwert und notwendig. Liebe hilft unserem Rechtswesen dabei, human zu sein. Ergänzt werden muss es aber durch eine Hilfe für Opfer von Verbrechen, eventuell mitfinanziert durch das Geld aus Geldstrafen.

---

[11] Jesu Aufforderung in Mt 7,1: „Richtet nicht" bezieht sich auf das harte Vergeltungsstrafrecht seiner Zeit, das z.B. die Todesstrafe bei Ehebruch (7. Gebot;vgl.2.Mos 20,14), Verehrung anderer Götter(1.Gebot; vgl.2.Mos 20,3), Herstellung von Gottesbildnissen für kultische Zwecke (2. Gebot; 2.Mos 20,4 und 5), Verletzung des Sabbatgebots (4.Gebot; 2.Mos 20,8-11), Schlagen oder Verfluchen der Eltern(2.Mos 21,15 und 17), Mord (2.Mose 20,13), homosexuellem Verkehr von Männern (3.Mos 20,13) und Menschenraub(2.Mos 21,16) verlangte. An die Möglichkeit einer human gemäßigten Strafe, die nicht Vergeltung bzw. Rache ist und die Todesstrafe von vornherein ausschließt, hat Jesus damals wohl nicht gedacht, eher schon an einen Verzicht aufs Strafen, z.B. im Fall eines Ehebruchs(Joh 8).

4 Gottes Kinder

Jeder Mensch trägt von Anfang an in sich den unzerstörbaren Keim seiner geistigen Persönlichkeit. Dieser Keim ist gewissermaßen das menschliche Empfangsorgan für die Stimme Gottes und der Kern unseres „besseren Ichs". Dieses bessere Ich empfindet im tiefsten Sinne **Freude** über alles Gute und wird dadurch aufgebaut und gestärkt. Die Liebe schenkt uns, religiös gesprochen , **„spirituelles Wachstum"**. Dies kann man innerlich erfahren, schon wenn sich jemand liebevoll um einen selbst kümmert oder man sich selbst in vernünftigem Maße Gutes tut, besonders aber, wenn man anderen Gutes tut. Wenn andere es tun, kann man sich mitfreuen. Positive Vorbilder stärken dadurch unsere Kraft zu eigenem Tun. Entscheidend wichtig ist diese Freude für eine gesunde Entwicklung der Kinder. Wenn wir der inneren Stimme der Liebe vertrauen und ihr Schritt für Schritt zu folgen versuchen, macht sie uns zu humaneren Menschen. Unser von der Stimme der Liebe geleitetes Denken wird nach und nach stärker und klarer („aufgeklärter"!).

Gottes Stimme der Liebe in unserem tiefsten Inneren und unser „besseres Ich" **sind von gleicher Art**. Religiös gesprochen heißt das, dass man ein „Kind Gottes" ist. Alle Menschen, auch unsere Feinde, sind in diesem Sinne „Kinder Gottes", und Gott ist ihr „Vater" (oder ihre „Mutter"[12]). Es gibt keinen Menschen, der im Kern böse

---

[12] vgl. Jes 66,13

(ein „Kind des Satans"[13]) ist. Das ist der tiefste Grund für das alle Menschen umfassende Liebesgebot, welches das Gebot der Feindesliebe (vgl. Lk 6,32-36) konsequenterweise einschließt.

Wie die Stimme der Liebe in uns erhaben ist über Zeit und Raum und alle Vergänglichkeit, so ist auch unser „besseres Ich", sei es stärker oder schwächer entwickelt, unvergänglich und wird also **den leiblichen Tod überdauern**. Das dürfte als Hoffnung nicht unvernünftig sein, wenn man „Vernunft" versteht als von Liebe geleiteten Menschenverstand. Sehr bedenkenswert sind in diesem Zusammenhang auch die Nahtoderfahrungen von Menschen, die fast schon tot waren, aber wiederbelebt werden konnten. (Darauf einzugehen würde den Rahmen

---

[13] Zwar gibt es auch wenige anders lautende Stellen im Neuen Testament: z.B. Mt 23,15; Joh 8,44, ich halte sie aber für Äußerungen, die nicht auf Jesus selbst zurückgehen, sondern ihm von den Verfassern in den Mund gelegt worden sind und also historisch unecht sind. Nach der Bergpredigt (Mt5,22) ist jeder, der einen Menschen „gottloser Narr" nennt, schlimmer als ein Mörder. Außerdem: Einen Satan gibt es nicht. (Hier denke ich anders als Jesus und die ersten Christen.) Das Böse ist keine widergöttliche Macht oder gar Person und Herrscher über ein Dämonenreich, sondern ein Mangel an Liebe, wie die Dunkelheit ein Mangel an Licht ist. Die Welt lässt sich nicht verbessern, indem man die Bösen ausrottet, denn die Ausrottung von Menschen ist selbst übelste Bosheit, sondern indem man sie auf humane Weise am Tun des Bösen hindert und „Licht" in ihr Leben bringt.

dieses Essays sprengen. Ich verweise auf die Literatur am Ende des Buches: Ewald und Bruhn)

Mehr Religion braucht der Mensch nicht. Jeder lernt, was Liebe, Schuld, Vergebung und Gotteskindschaft bedeuten, wenn es ihm vorgelebt wird und er selbst danach zu leben versucht. Darüber hinausgehende Dogmen, Riten, Sakramente usw. sind überflüssig oder sogar irreführend. Vernünftige, aufgeklärte Religion ist daher auch - vielleicht sogar besser - außerhalb der organisierten Glaubensgemeinschaften möglich.

5 Der historische Jesus

Die Bibel ist bis ins 18. Jahrhundert im christlichen Kulturkreis als Heilige Schrift, d.h. als „Wort Gottes" gelesen und gedeutet worden. Erst seit der Aufklärungszeit hat man begonnen, die biblischen Schriften als Äußerungen von fehlbaren Menschen zu betrachten, die in einer bestimmten Zeit vor dem Hintergrund ihres Weltverständnisses und ihrer Interessen für einen bestimmten Personenkreis geschrieben haben. Die Bibel wurde als Sammlung historischer Dokumente gesehen und damit gleichzeitig Gegenstand der Kritik. Diese wissenschaftliche, historisch-kritische Bibelinterpretation hat dann auch Eingang in die Theologie, vor allem in die protestantische, gefunden. Seither hat die Frage, ob die neutestamentlichen Evangelien in ihren Äußerungen über Jesus historische Glaubwürdigkeit besitzen, eine zentrale Rolle gespielt. Das älteste Evangelium (Markus, Mk) wurde erst rund vierzig Jahre nach dem Tode Jesu verfasst, das Matthäus- (Mt) und Lukasevangelium (Lk) sind weitere ein bis zwei Jahrzehnte danach von Verfassern geschrieben worden, die das Markusevangelium bereits kannten, Text und Gliederung weitgehend übernahmen und andere Überlieferungen über Jesus (vor allem Worte, die auf Jesus zurückgeführt wurden) hineinarbeiteten. Dabei veränderten sie teilweise aber auch den Text im Sinne ihres gewandelten Jesusbildes. Nochmals rund zwei Jahrzehnte später wurde das Johannesevangelium (Joh) verfasst. Es ist ein völlig neuer Entwurf, der wohl darauf zurückzuführen ist, dass der Verfasser bereits damals merkte, dass die älteren Evangelien zahlreiche Widersprüche enthielten.

Diese Widersprüche sind zum Teil darauf zurückzuführen, dass in den Texten Erinnerungen an den „historischen Jesus" (d.h. an Jesus, wie er während seines irdischen Lebens tatsächlich war) erhalten geblieben sind, die dem erst nach dem Tode Jesu entstandenen christlichen Glauben widersprechen.

Gemeinsame **christliche** Auffassung der Evangelisten war, dass Jesus **in einzigartiger Weise „der" Sohn Gottes** sei, dass er den Sühnetod gestorben sei für alle, die an ihn glauben, dass er von den Toten auferstanden und zum Himmel aufgefahren sei und der zukünftige, vom Himmel herabkommende Richter im Jüngsten Gericht sein werde und dass er in diesem umfassenden Sinne der **Christus** (der **Messias** bzw. der **Menschensohn**) sei.

Der Begriff „Christus" stammt aus der griechischen Sprache und ist die Übersetzung des hebräischen Begriffs „Messias" (zu deutsch : „der Gesalbte", eine Bezeichnung für die Könige Israels, die bei ihrer Inthronisation mit kostbarem, duftendem Salböl gesalbt wurden und dabei ihre religiöse Weihe empfingen). Die in Israel zunächst getrennten Begriffe Messias und Menschensohn flossen im christlichen Begriff Christus zusammen.

Woher kam es, dass die meisten Juden zur Zeit Jesu einen Messias bzw. Menschensohn erwarteten?

Die eher **politische Messiaserwartung** geht zurück auf die sogenannte Nathanweissagung. Nach dem Alten

Testament (2.Sam 7) hat der Prophet Nathan, der zur Zeit des israelitischen Königs David (Regierungszeit ca. 1000 bis 960 v. Chr.) lebte, diesem geweissagt, sein Thron in Jerusalem werde für immer Bestand haben, d.h. es werde immer und ewig ein Nachkomme Davids in Jerusalem König (= Messias) sein. Mehrere Jahrhunderte lang sind die Könige in Jerusalem tatsächlich Davidabkömmlinge gewesen. Seit der Zerstörung Jerusalems durch die Babylonier im Jahre 586 v.Chr. hat aber nie wieder ein Davidnachkomme in Jerusalem geherrscht. Daraus hätten die Juden entnehmen müssen, dass die Nathanweissagung (wie viele andere alttestamentliche Prophetenweissagungen auch) sich als nur teilweise richtig erwiesen hat. Die meisten Juden zur Zeit Jesu meinten jedoch wegen entsprechender prophetischer Weissagungen (Jes 11), Gott werde das Königtum Davids irgendwann als ewige Friedensherrschaft in Jerusalem erneuern, die sündigen, das jüdische Volk unterdrückenden Völker würden von Gott bestraft[14], und das werde - wie die Befreiung Israels von der Unterdrückung in Ägypten - zu einem Passahfest geschehen.

Im Zusammenhang mit der Zerstörung Jerusalems wurden die Juden ins babylonische Mesopotamien verschleppt. Doch die babylonische Herrschaft dauerte nicht lange.

---

[14] Als Bestandteil der göttlichen Strafe wurden auch kriegerische Handlungen Israels gegen seine Nachbarvölker nicht ausgeschlossen (Jes 11,14).

Perser eroberten das ganze Reich, tolerierten die verschiedenen Religionen ihrer Untertanen und erlaubten den Juden, in ihre Heimat zurückzukehren und den Tempel in Jerusalem wieder aufzubauen. Unter dem Einfluss der persischen Religion Zarathustras hat sich die eher **kosmische Menschensohnerwartung** der Juden herausgebildet: Nach der Lehre der persischen Religion wurde ein Ende des Bösen auf Erden erwartet. Wer auf der Seite des persischen Gottes Ahuramazda stehe, werde nach dieser Lehre das ewige Leben in einer paradiesischen Welt geschenkt bekommen. Die bösen Menschen, die auf der Seite Ahrimans (sprachlich hergeleitet von „Angra Mainyu", vgl. englisch „angry mind" (der böse Geist)) stünden, würden zu ewigen Höllenqualen verdammt. Beides gelte auch für die bereits Verstorbenen, denn sie würden vor diesem Gericht zum Leben wieder auferstehen. Unter den Juden bildete sich eine ähnliche Vorstellung von einem Ende des Bösen auf Erden heraus. Erst seitdem gibt es unter den Juden die (sehr problematische) Meinung, es existiere eine böse Gegenmacht (der Satan), eine Hölle als Ort der ewigen Verdammnis und eine allgemeine leibliche Auferstehung der Toten. Die meisten Juden glaubten seither an ein Endgericht (das Jüngste Gericht). Richter sollte dann im Auftrag Gottes der vom Himmel herabkommende „Menschensohn" (vgl. Dan 7,13) sein. Er würde durch sein Urteil den Gerechten das ewige Leben im paradiesähnlichen Reich Gottes geben und die Bösen zu ewigen Qualen in der Hölle verdammen.

Nach dem Glauben der ersten Christen hatten sich beide Erwartungen in „Jesus Christus" erfüllt. Was hat im Widerspruch dazu der „historische Jesus" getan, erlebt und gedacht? Und wie konnte es geschehen, dass die Jünger Jesu den „historischen Jesus" zum „Jesus Christus" umdeuteten (deutlicher ausgedrückt: verfälschten)? Ich möchte im Folgenden einiges zusammenstellen, erläutern und kommentieren, was mir wichtig erscheint.

- Unumstritten ist es, dass Jesus sich als etwa Dreißigjähriger von Johannes dem Täufer im Jordan hat taufen lassen (Mk 1,9-11).
- Jesus hat Johannes den Täufer für den wiedergekommenen Propheten Elia gehalten (Mk 9,13).

  Elia soll nach dem AT nicht eines irdischen Todes gestorben, sondern leibhaftig in den Himmel gefahren sein (2.Kö 2,11). Zur Zeit Jesu glaubten viele Juden aufgrund einer Weissagung des Propheten Maleachi, dass dieser Elia vor dem Jüngsten Gericht von Gott zurück auf die Erde gesandt werde, um in Israel Menschen vor der drohenden Vernichtung (dem„Bann") im Jüngsten Gericht zu retten (Mal 4,5f).

- Johannes der Täufer rief am Jordan zur Buße (Umkehr) auf (Mt 3,2). Diejenigen, die zu ihm kamen, bekannten ihre Sünden (Mk 1,5) und wurden von ihm „auf Grund der Buße **zur Vergebung der Sünden**"(Mk 1,4) getauft. Dadurch von ihrer Schuld reingewaschen, konnten sie nach Auffassung Johannes des Täufers, wenn sie ihr sündhaftes Treiben nicht fortsetzten, in dem in naher Zukunft zu erwartenden Jüngsten Gericht bestehen und im darauffolgenden Reich Gottes die ewige Seligkeit erlangen.

> Im Matthäusevangelium aber wird bereits weggelassen, dass die Taufe durch Johannes den Täufer der Sündenvergebung dienen sollte (Mt 3,4). - Im noch später verfassten Johannesevangelium ist dann im Zusammenhang mit Johannes dem Täufer und seiner Taufe weder von Buße noch von Sündenvergebung die Rede, und auch nicht davon, dass Jesus Johannes den Täufer für den wiedergekommenen Elia gehalten hat. In der Darstellung des Johannesevangeliums leugnet es Johannes der Täufer sogar ab, der wiedergekommene Elia zu sein: ein deutlicher Widerspruch zu Mk 9,13. - Insgesamt zeigt sich eindeutig die Tendenz, die Spuren des Historischen zu verwischen, um die große Bedeutung Johannes des Täufers für Jesus zu schmälern.

- Es liegt sehr nahe anzunehmen, dass der historische Jesus Buße getan hat, um in der Taufe durch Johannes den Täufer die Vergebung Gottes zu erlangen. Dann kann Jesus aber nicht ohne Sünden gewesen sein.
- **Der historische Jesus hat sich selbst auch nicht für sündenfrei gehalten.** Auf die Anrede „guter Meister" antwortete er : „ Was nennst du mich gut? Niemand ist gut außer Gott allein."(Mk 10,17)

> Diese Textstelle aus dem ältesten Evangelium wurde von Matthäus im Sinne seiner Ansicht, Jesus sei sündenfrei gewesen, einfach sinnentstellend abgeändert (vgl . Mt 19,16f): Aus „Guter Meister, was muss ich tun..."(Mk) wird: „Meister, was muss ich Gutes tun..."(Mt) und aus : „Was nennst du mich gut?" (Mk) wird : „ Was fragst du mich über

das Gute?" (Mt) Das ist ein eindeutiger Versuch von Matthäus, die Erinnerung daran zu tilgen, dass Jesus sich keineswegs für vollkommen gehalten hat und daher seiner eigenen Auffassung nach der Vergebung bedurfte.

- Jesus muss die Taufe durch Johannes den Täufer als ein für ihn einschneidendes Ereignis erlebt haben, als wäre er wie ein verlorener Sohn zu seinem Vater zurückgekehrt und von ihm freudig wieder aufgenommen worden (vgl. dazu das Gleichnis vom verlorenen Sohn in Lk 15,11-32). Den anderen Täuflingen wird es so ähnlich ergangen sein.

  Markus hat diese Bedeutung der Taufe Jesu abgeändert in dem Sinne, dass Jesus in der Taufe seine Adoption und Berufung als „der" Sohn Gottes (im exklusiven Sinne des Messianitätsgedankens) erlebt habe (Mk 1,9-11). Nach Mt und Lk begann diese exklusive Gottessohnschaft nicht erst mit der Taufe, sondern bereits mit der Zeugung Jesu durch den heiligen Geist. Deswegen haben diese beiden Evangelien im Gegensatz zu Mk eine legendenhafte Weihnachtsgeschichte als Einleitung. Nach dem noch später entstandenen Johannesevangelium hat Jesus in geistiger Form schon vor der Erschaffung des Kosmos bei Gott existiert. (Man nennt dies die Präexistenzlehre.) Von Evangelium zu Evangelium wird der Mensch Jesus immer mehr „vergöttlicht".

- Johannes der Täufer wurde dann wegen seiner Kritik an dem Vierfürsten Herodes von diesem gefangen gesetzt (Lk 3,19 f). Nach der Gefangennahme Johannes des Täufers hat Jesus als „Ersatzmann" für ihn mit seiner Wirksamkeit begonnen (Mk1,14f) – wobei auch die

Johannestaufe zunächst noch vollzogen wurde (Lk 7,29f) - und Sündenvergebung zugesprochen (vgl. z.B. Mk 2,1-12). Etwas später muss Jesus zu der Auffassung gekommen sein, die Umkehr (Buße) reiche aus zur Vergebung der Sünden. In diesem Sinne rief er dazu auf, das Liebesgebot zu befolgen und sich über die vergebende Liebe Gottes zu freuen. **Dass er dieses getan hat, sichert Jesus für immer einen Ehrenplatz in der menschlichen Geistesgeschichte**.

- Das Jüngste Gericht und das anschließende Reich Gottes (eine Art Paradies auf Erden) erwartete Jesus, solange Johannes der Täufer noch lebte, zu Lebzeiten seiner Generation: „Wahrlich, ich sage euch: Es stehen etliche hier, die werden den Tod nicht schmecken, bis dass sie sehen das Reich Gottes kommen mit Kraft." (Mk 9,1)

- Nach der Enthauptung Johannes des Täufers hat sich die Zeitspanne bis zum Jüngsten Gericht aus der Sicht Jesu plötzlich dramatisch verkürzt. Die Zeit Elias war nun abgelaufen. Jesus hat nun die Herabkunft des Menschensohns, das Jüngste Gericht und das Reich Gottes (im vollen Sinne des Wortes, „mit Macht" (vgl. Mk 9,1), d.h. als eine Art Paradies auf Erden) spätestens zum nächsten Passahfest in Jerusalem erwartet.
- **Jesus hat sich selbst nicht für den „Menschensohn" gehalten**, sondern ihn als eine andere Person erwartet: „Denn wer sich meiner und meiner Worte schämt unter

diesem abtrünnigen und sündhaften Geschlecht, dessen wird sich auch der Sohn des Menschen schämen, wenn er kommen wird in der Herrlichkeit seines Vaters mit den heiligen Engeln."(Mk 8,38)[15]

- Jesus ist dann zum bevorstehenden Passahfest mit seinen Jüngern nach Jerusalem gezogen. Wie hoch gespannt die Erwartung der Jünger (und wohl auch Jesu) war, zeigt Lk 19,11: „Sie meinten, das Reich Gottes werde sogleich offenbar werden."

- Durch die Vertreibung der Händler aus dem Tempel in Jerusalem als Vorbereitung auf das vermeintlich unmittelbar bevorstehende Kommen des Reiches Gottes (bei dem jeder Jude selbstverständlich an das Ende der Römerherrschaft dachte) hat Jesus für erhebliche öffentliche Unruhe gesorgt (Mk 11,18). Es ist durchaus möglich und wahrscheinlich, dass viele Juden ihn für den Messias gehalten haben (Mk 11,10), zumal unter seinen Jüngern auch mit Schwertern Bewaffnete waren (Mt 26,51 und Lk 22,49).

- Als die Römer davon erfuhren, läuteten bei ihnen die Alarmglocken. Schon öfter in der Geschichte Israels war eine gesteigerte Messiaserwartung des Volkes der Beginn eines Aufstandes gewesen. - Darüber hinaus ist festzuhalten, dass Jesus durch die Aktion der

---

[15] Vgl. dazu Literaturhinweise, Braun, S.45

„Tempelreinigung" einen fundamentalen Angriff auf die Autorität der Tempelpriesterschaft gewagt hat, indem er nicht nur den Handel im Tempel, sondern auch den damit zusammenhängenden Opferkult verdammt hat: zur „Räuberhöhle" (Mt 21,12) sei der Tempel unter den Priestern heruntergekommen.[16] Diese ließen Jesus daraufhin gefangen nehmen und lieferten ihn nach einem Verhör durch den Oberpriester an den römischen Statthalter Pilatus aus.

- Jesus ist dann von Pilatus als „König (=Messias) der Juden", d.h. als politischer Aufrührer gegen die römische Obrigkeit, zum Tod am Kreuz verurteilt worden.

- Jesu Jünger sind entsetzt geflohen. Sie hatten Angst, dasselbe Schicksal erleiden zu müssen. Sie konnten nicht verstehen, dass Jesus einen Tod sterben musste, den die Römer angemessen fanden für den „Abschaum der Menschheit". Schlimmer noch: Für viele Anhänger Jesu, die sich an den 5 Büchern Mose (der Tora) orientierten, war dieser Tod ein Zeichen dafür, dass Jesus bei Gott verflucht war:
„Wenn jemand eine **Sünde getan** hat, die **des Todes würdig** ist und **man hängt ihn an ein Holz**, so soll sein Leichnam nicht über Nacht an dem Holze bleiben, sondern du sollst ihn am selben Tage begraben – denn **ein Aufgehängter ist verflucht bei Gott** - , auf dass du

---

[16] Hier steht Jesus in der Tradition alttestamentlicher Prophetie: „Denn ich habe Lust an der Liebe und nicht am Opfer" (Hosea 6,6)

dein Land nicht unrein machst, das dir der HERR, dein Gott, zum Erbe gibt." (5.Mos,21,22-23)

Welche todeswürdige Sünde konnte Jesus getan haben? Den jüdischen Jüngern Jesu fiel sicher die Stelle aus ihrer heiligen Schrift, der Tora ein: „**Verflucht** sei, wer nicht **alle Worte dieses Gesetzes** erfüllt, dass er danach tue." (5.Mos 27,26) Damit ist gemeint, dass jeder Jude verpflichtet ist, alle 613 in der Tora enthaltenen Gebote und Verbote zu erfüllen. Wer auch nur ein Gebot, insbesondere von denen, auf deren Verletzung die Todesstrafe stand, nicht erfüllte, war bei Gott verflucht. Und da wurde ein rechtgläubiger Jude schnell fündig: Jesus hat das Sabbatgebot nicht so genau genommen, er hat die Todesstrafe für eine Ehebrecherin abgelehnt. - Außerdem hat er die Speisegebote abgelehnt und von den Geboten für die Opfer im Tempel hielt er nichts. Die 613 Gebote und Verbote waren bei ihm nicht mehr völlig tabu. Er war der Auffassung, dass Gott auch diejenigen nicht verflucht (d.h. nicht endgültig verdammt), die „todeswürdige Verbrechen" begangen hatten, wenn sie Reue zeigten. Ein traditionell denkender Jude konnte Jesus nun nicht mehr folgen. Die große Schar seiner Anhänger floh verwirrt und in Panik.

- Dann fanden aber einige seiner Jünger in Anlehnung an den alttestamentlichen Propheten Jesaja eine für sich plausible Erklärung für den Kreuzestod Jesu als **unverdiente Strafe** (53,9:„wiewohl er niemand Unrecht getan hat und kein Betrug in seinem Munde gewesen ist") und **stellvertretende Sühne** für die Sünden seiner

Anhänger (V.5: „Die Strafe liegt auf ihm, auf dass wir Frieden hätten und durch seine Wunden sind wir geheilt."). Wegen Vers 11(„Weil seine Seele sich abgemüht hat, wird er das Licht schauen und die Fülle haben.") glaubten sie, dass er nach dem Tod auferstanden, zu Gott in den Himmel aufgefahren und (wohl in Anlehnung an Jes 52,13 „er wird erhöht und sehr erhaben sein" und Dan 7,13f: „es kam einer mit den Wolken des Himmels wie eines Menschen Sohn und gelangte zu dem, der uralt war, und wurde vor ihn gebracht. Der gab ihm Macht, Ehre und Reich, dass ihm **alle Völker** und Leute aus so vielen verschiedenen Sprachen dienen sollten. Seine Macht ist ewig und vergeht nicht, und sein Reich hat kein Ende.") von Gott zum Messias (Christus) bzw. Menschensohn eingesetzt worden sei.

- Der daraufhin entstandene Glaube dieser Jünger Jesu (der ersten Christen), dass Jesus von dort als Messias bzw. Menschensohn und in diesem Sinne als „der" Sohn Gottes noch zu ihren Lebzeiten auf die Erde nach Jerusalem zurückkommen und hier dem Römerreich ein Ende bereiten bzw. das Jüngste Gericht abhalten werde und dass so endlich das Reich Gottes „mit Macht" kommen werde, hat sich jedoch als Irrtum herausgestellt.

Das ist in geraffter Form meine Sicht der historischen Gegebenheiten. Das bedeutet, dass ich die traditionelle christliche Lehre über Jesus, er sei der einzige durch den heiligen Geist gezeugte und daher sündenlose Sohn Gottes, der von den Juden erwartete Messias und der Weltenrichter im Jüngsten Gericht, für historisch widerlegt halte. Sie passt nicht zu dem, was Jesus zu seinen Lebzeiten gesagt und getan hat.

Sie passt außerdem auch nicht zu dem Sinn der zuletzt zitierten alttestamentlichen Schlüsseltexte: Jesaja 52,13 – 53,12 ist keine Weissagung auf Jesus hin, sondern ein im 6.Jahrhundert v.Chr. niedergeschriebener Nachruf auf einen zu dieser Zeit bereits verstorbenen „Gottesknecht", von dem gesagt wird, er sei außergewöhnlich hässlich und krank gewesen, was auf Jesus gewiss nicht zutraf. Und der „Menschensohn" in Daniel 7,13f ist nicht ein Bild für eine Einzelperson, sondern nach Vers 27 ein Bild für das „Volk der Heiligen des Höchsten" also ein Bild für eine Gruppe von Personen. Der Verfasser des Danielbuches dachte dabei wohl an einen „frommen Rest" des jüdischen Volkes.
Die Weihnachts-, Oster- und Wundergeschichten im Neuen Testament sind nach dem Tode Jesu im Verlaufe mehrerer Jahrzehnte entstandene christliche Legenden, keine historisch glaubwürdige Berichte. Jesus war meiner Auffassung nach nicht **d e r**, sondern **e i n** Sohn Gottes, in dem Sinne, wie grundsätzlich alle männlichen Menschen Söhne Gottes sind. Er lebte und lebt nach seinem leiblichen Tod geistig weiter, wie alle anderen Menschen auch. Unsere Sünden werden uns von Gott nicht vergeben, weil Jesus – wie die ersten Christen meinten - für unsere

Sünden am Kreuz gelitten hätte oder - entsprechend Mk 16,16 - wenn wir glauben, dass Jesus der Christus sei, und wir getauft sind; sondern es gilt einfach die schon in Abschnitt 3 dieses Essays erläuterte, durchaus vernünftige Auffassung des historischen Jesus: „wenn ihr den Menschen ihre Übertretungen vergebt, so wird euch euer himmlischer Vater auch vergeben." (Mt 6,14)

Als einen Menschen, der Liebe und Vergebung gepredigt und auch vorzuleben sich bemüht hat, halte ich den historischen Jesus für verehrungswürdig wie auch andere vorbildhafte Menschen. Man kann sich auch heute noch mit ihm geistig besonders verbunden fühlen.

Der dogmatisch überhöhte „Jesus Christus" der christlichen Kirchen als angeblicher Herr aller Völker (vgl. S.35) ist jedoch nach meiner Auffassung das Ergebnis einer religionsgeschichtlichen Fehlentwicklung, die es zu korrigieren gilt. Von diesem Dogma haben die mittelalterlichen Päpste als angebliche Stellvertreter Christi ihren Weltherrschaftsanspruch abgeleitet. Die Folgen waren Zwangstaufen der Sachsen unter Karl dem Großen, Kreuzzüge, der Dreißigjährige Krieg gegen die protestantischen „Ketzer", Versklavung und Ausrottung von „Heiden" und die Vertreibung von Juden aus Spanien und Portugal. Das christliche Dogma von der Trinität

(Dreieinigkeit) Gottes, nach dem Jesus nicht nur Mensch, sondern auch Gott sei, muss aufgegeben werden. Das apostolische Glaubensbekenntnis, das auf der Trinitätslehre beruht, dürfte nicht mehr Grundlage kirchlicher Lehren sein. Dann würden sicher auch Anhänger anderer Religionen zu dem Menschen Jesus Zugang finden, der die Gabe hatte, Menschen zu Gott zu führen, auch wenn sie Sünder waren.

Wenn im christlichen Kulturkreis Menschen sich dazu durchringen können, Jesus als zwar unvollkommenen Menschen zu sehen, von dem man dennoch Wesentliches für sein Leben lernen kann, wäre das vielleicht eine Ermutigung für Juden und Muslime, ihre heiligen Schriften auch als im Sinne der Aufklärung kritikbedürftige Zeugnisse unvollkommener Menschen zu lesen. Das würde den Weg freimachen für eine Annäherung zunächst einmal der monotheistischen Religionen.

6 Das veraltete Weltbild

Aber nicht nur die ersten Christen haben sich mit ihrer Lehre, Jesus sei der Messias bzw. Menschensohn, geirrt. Auch die Lehre des historischen Jesus enthält Vorstellungen, die heute ihre Gültigkeit verloren haben, weil wir heute einiges besser wissen als die Juden zur Zeit Jesu.

Als widerlegt gilt bereits seit langer Zeit das **räumliche** Weltbild Jesu : das „Dreistockwerkmodell", oben die Himmelskuppel mit Gottes Thron, darunter die Erde als Scheibe und wieder darunter das Reich der Toten bzw. die Hölle. Jesus dachte hier wie die anderen Juden seiner Zeit.

Was für das Raummodell des Kosmos gilt, gilt auch für das **zeitliche** Modell. Die Bibel geht davon aus, dass die Erschaffung des Kosmos innerhalb von sechs Tagen weniger als 6000 Jahre zurückliegt, statt, wie wir heute annehmen, im Verlaufe mehrerer Milliarden Jahre geschehen ist. Und auch das biblische Bild vom **Rahmen der menschlichen Geschichte** darf als überholt gelten: der Beginn mit Paradies und Sündenfall (1.Mos 1-3) und das Ende der Sünde durch das Jüngste Gericht und das darauffolgende paradiesähnliche Reich Gottes auf Erden ohne Leid für Mensch und Tier.

Schon die biblische Vorstellung vom anfänglichen Paradies ist eindeutig widerlegbar: Laut Bibel waren die ersten Menschen und alle Tiere vor dem Sündenfall

Vegetarier (1. Mos 1,29f), das heißt unter Tieren und Menschen gab es kein Blutvergießen. Menschen und Tiere und auch die Tiere untereinander lebten in totalem Frieden ohne jedes Leid miteinander. Die Welt wurde als zu Anfang „sehr gut" (1. Mos1,31), das heißt als vollkommen angesehen.

Wie sind die biblischen Verfasser von 1.Mos 1-3 auf den Paradiesesgedanken gekommen?

Sie hatten beobachtet, dass viel Leid Folge menschlicher Sünden ist, und haben diese Beobachtung unzulässigerweise verallgemeinert: **Alles** als leidvoll Erlebte auf Erden, auch z.B. die Sterblichkeit des Menschen (vgl. Rö 6,23), sei Folge menschlicher Sünde, meist gedeutet als Gottes gerechte, vergeltende, manchmal auch abgemilderte Strafe für menschliche Sünden. Nach dieser Auffassung konnte es dann logischerweise vor der ersten Sünde der ersten Menschen keinerlei Leid gegeben haben, d.h. die ganze Schöpfung musste ursprünglich „sehr gut" gewesen sein.

Heute wissen wir aber, dass viel tierliches Leid durch Naturkatastrophen, Krankheiten, Sterben, Getötet- und Gefressenwerden bereits vor dem Auftreten der ersten Menschen, d.h. ohne Schuld der Menschen, in dieser Welt existierte. Blutrünstige Saurier und Krokodile z.B. lebten schon mehr als 100 Millionen Jahre vor dem Menschen auf der Erde. **Die Erde mit all ihren tierlichen Lebewesen ist also nie ein Paradies gewesen. Neben der Lust ist das Leid bis hin zur Grausamkeit von Anfang an Kennzeichen des Lebens auf Erden. Das menschliche**

Leben auf Erden macht da keine Ausnahme. Die Sterblichkeit des Menschen z.B. ist keine Strafe für menschliche Sünden, sondern gehört zu unserem tierlichen Erbe.

Damit ist auch dem biblischen Zukunftsbild der religiöse Boden entzogen: Wie Gott am Anfang die Erde mit all ihren Lebewesen nicht als Paradies geschaffen hat, wird er auch am Ende kein paradiesähnliches Reich Gottes auf Erden (mit Tieren, die zur vegetarischen Ernährung „zurückgekehrt" sind[18]) schaffen. Das Jüngste Gericht als Einleitung des vermeintlichen Reiches Gottes und in diesem Rahmen eine Verdammnis der meisten Menschen zu ewigen Höllenqualen werden nicht stattfinden. Die zu diesem veralteten Welt- und Geschichtsbild gehörende, auf der sehr fragwürdigen Nathanweissagung beruhende Messiaserwartung sowie die auf ebenso fragwürdige persische Einflüsse zurückgehende Menschensohnerwartung verlieren so ihren Sinn.[19]

Obwohl die Angst vor einer ewigen Verdammnis also unangebracht ist, sollte man jedoch auch heute die Beobachtung sehr ernst nehmen, dass menschliche Sünden, je mehr sie zunehmen und je mächtiger der Mensch wird, sehr leidvolle, ja katastrophale Folgen bis hin zur Vernichtung der Menschheit und sonstigen Lebens auf

---

[18]Vgl.: „Löwen werden Stroh fressen wie die Rinder."(Jes 11,7)
[19] Auch die Bitte im Vaterunser: „Dein Reich komme."(Mt 6,10) ist dementsprechend sinnlos.

Erden haben können und dass die Menschheit gut beraten ist, wenn sie der Stimme der Liebe folgt und nach Kräften Frieden schafft.

Wenn wir die Stimme der Liebe in uns vernehmen und ihr vertrauen, wissen wir, dass allen Menschen als Kindern Gottes vergeben wird und alle nach dem leiblichen Tode geistig weiterleben. Das gibt uns das Gefühl einer letzten Geborgenheit, egal was in dieser schönen, teilweise aber auch grausamen Welt geschieht.

Wenn wir zu dieser Einsicht gelangt sind, ist es uns vielleicht auch möglich, Gott nicht nur dankbar zu sein für alles Schöne und Gute in dieser Welt, sondern ihm auch zu vergeben, dass er das irdische Leben so unvollkommen erschaffen hat und so viel Leid und Grausamkeit geschehen lässt.[20] Vielleicht ist Gott so großzügig im Vergeben, weil er weiß, dass auch er der Vergebung bedarf.

Wir verstehen Jesus am besten, wenn wir in ihm den menschlichen Bruder sehen, von dem wir auch heute noch für ein vernünftiges menschliches Leben Wesentliches lernen können, der aber als Jude auch Anteil hatte an den menschlichen Irrtümern seiner zeitgenössischen jüdischen Umgebung.

---

[20] Wir müssen heute klar sehen, dass der Schöpfer dieser Welt nicht ein vollkommenes Werk geschaffen hat und daher auch selbst unvollkommen ist.

7 Politische Aufgaben

Jesu Naherwartung des Reiches Gottes als eines paradiesähnlichen Zustandes auf Erden hatte eine entscheidende, fatale Konsequenz: Jesus hat keine auf dem Liebesgebot aufbauende politische Ethik entwickelt und gepredigt, denn die Lösung aller irdischen Probleme war aus seiner Sicht ja nicht mehr fern.

Als das Reich Gottes nach dem Tode Jesu immer länger auf sich warten ließ und schließlich nach etwa dreihundert Jahren Christen im Römischen Reich politische Verantwortung übernahmen, wurden die Maßstäbe politischen Handelns, insbesondere im Bereich des Rechtswesens, meist nicht vom Liebesgebot abgeleitet, sondern dem Alten Testament (z.B. den Zehn Geboten) oder dem Römischen Recht entnommen, mit z.T. aus heutiger Sicht mörderischen Konsequenzen: Auf die Verletzung der ersten neun von den Zehn Geboten und noch weiterer Gebote stand schon im alten Israel die Todesstrafe.[21] Dieses Strafmaß galt nun auch unter christlicher Obrigkeit. So wurde derjenige, der nicht in allen Dogmen der christlichen Staatsreligion folgte, oft als Ketzer bzw. falscher Prophet[22] mit dem Tode bestraft.

Auch Juden wurden entsprechend dem Johannesevangelium (Joh 8,44: „Ihr habt den Teufel zum

---

[21] Vgl. Anmerkung 11

[22] zum altisraelitischen Gebot, falsche Propheten zu töten, vgl. 5.Mos 18,14-22

Vater...") immer wieder verfolgt und umgebracht.[23] Zu weiteren ebenso harten alttestamentlichen Gesetzen gehörte z.B. auch: „Eine Zauberin (oder einen Zauberer) sollst du nicht am Leben lassen." (2. Mos 22,17) Es war Ausgangspunkt von mehreren Jahrhunderten christlicher Hexenverfolgung mit Folterung und Feuertod für mehrere hunderttausend Personen. Nicht durch die Reformation, sondern erst durch die Aufklärungsbewegung wurde die Hexenjagd nach und nach beendet.

---

[23] Dieser Vers aus dem Johannesevangelium ist auch eine wesentliche Ursache dafür, dass nur eine geringe Minderheit der christlichen Kirchen in der Zeit der Naziherrschaft gegen die Judenverfolgung Widerstand geübt hat. Die gegenseitige Verteufelung zwischen Christen und Juden begann gleich nach der Entstehung des Christentums: Juden haben christlich gewordene ehemalige Juden in ihren Gemeinden verfolgt. Auch der Apostel Paulus (damals noch mit dem jüdischen Namen Saulus) hat vor seiner Bekehrung zum Christentum Christen verfolgt. Der erste christliche Märtyrer Stephanus ist von Juden wegen seines vom Judentum abweichenden Glaubens zu Tode gesteinigt worden (Apg 7,54ff). Im Judentum wurde bis ins 18. Jahrhundert noch gelehrt, dass Jesus ein Zauberer war, der mit seinen Wundertaten viele Juden von der Beachtung der 613 Gebote und Verbote der Tora (1. – 5. Mose) abgebracht habe. Nach jüdischem Glauben standen Zauberer mit dem Teufel im Bund und hatten darum den Tod verdient. Die auf Jesus zurückgehende christliche Religion wurde dementsprechend als etwas Teuflisches angesehen. - Es ist erschreckend zu sehen, wie fehlgeleitetes Denken eine Blutspur durch die Geschichte der Menschen nach sich ziehen kann.

In der Aufklärungszeit kommt der Gedanke auf, es gebe unveräußerliche **allgemeine Menschenrechte**, jeder Mensch besitze eine unzerstörbare Menschenwürde, jeder müsse vor dem Gesetz gleich sein, jeder habe ein Recht auf Leben und körperliche Unversehrtheit usw.. Hier hat der Gedanke Pate gestanden, dass alle Menschen „Gottes Kinder" sind und keiner ein „Kind des Satans" ist. Die Todesstrafe galt trotzdem für lange Zeit weiterhin in vielen Staaten. Mord zum Beispiel wurde noch oft mit dem Tode bestraft. Selbst Kant hielt das noch für gerecht.[24] Der Vollzug der Todesstrafe galt nicht als Mord. Das Töten in einem „gerechten Krieg" galt ebenfalls nicht als Mord, sondern als Untertanenpflicht.

Aber die Aufklärung ging weiter. Nach dem Zweiten Weltkrieg wurde z.B. in der Bundesrepublik Deutschland die Todesstrafe abgeschafft und die Folter verboten. Der Krieg als Mittel der Politik wurde durch Einsatz von Massenvernichtungswaffen und durch Terrorangriffe aus der Luft im Zweiten Weltkrieg immer fragwürdiger. Das Recht auf Verweigerung des Kriegsdienstes aus Gewissensgründen wurde eingeführt. Die Vereinten Nationen wurden zur Durchsetzung und Sicherung der Menschenrechte gegründet. Wirtschaftliche, soziale und kulturelle Menschenrechte wurden den allgemeinen Menschenrechten hinzugefügt. Schließlich hat man spezielle Weltkinderrechte formuliert. Man ist dabei, Schritt für Schritt diese Menschenrechte in nationales

---

[24] Vgl. in: Metaphysik der Sitten, S.160ff

Recht umzusetzen. Dieser Weg muss weiter fortgesetzt werden.

Kant hatte bereits 1794 in seiner Schrift „Zum ewigen Frieden" als Ideal einer **vernünftigen weltweiten Friedensordnung** einen alle Staaten umfassenden „Völkerstaat"[25] mit einer „weltbürgerlichen Verfassung"[26] gelehrt. Was zur Zeit Kants vielleicht noch als Utopie erschien, ist heute durch die weltweit verbindenden Kommunikations- und Verkehrsmittel in den Bereich des technisch Möglichen geraten. Und als erster, wichtiger Schritt zu diesem Ziel kann ebenfalls die Gründung der Vereinten Nationen gelten.

Hier muss ein weiterer Schwerpunkt einer auf dem Liebesgebot aufbauenden politischen Ethik liegen. **Die Institution des Krieges muss aus Liebe zu Menschen, Tieren und zur Umwelt abgeschafft werden**, und das heißt: Die Rüstung darf nicht mehr allein Sache der einzelnen Nationen sein. Art und Stärke der nationalen Rüstung muss in den einzelnen Staaten auf das Niveau von Polizeikräften zur Aufrechterhaltung der inneren Ordnung begrenzt werden. Das muss auch für die sogenannten Supermächte gelten. Im einzelnen festgelegt und überwacht werden könnte das durch eine Weltregierung. Die nationale Souveränität müsste dann dementsprechend eingeschränkt werden.

---

[25] a.a.O S.68

[26] a.a.O S.70

Stärkere Waffen, z.B. Panzer, Kampfhubschrauber, jedoch keine Massenvernichtungsmittel, dürften nur einer internationalen Truppe (einer Art Weltpolizei) unter dem Kommando einer Weltregierung zur Verfügung stehen. Konflikte zwischen Staaten sollten nur durch Verhandlungen bzw. durch ein internationales Schiedsgericht gelöst werden. Wenn sich eine nationale Regierung an diese Entscheidungen nicht hält, müssen die Mitglieder dieser Regierung (zur Not mit Hilfe einer internationalen Luftlandetruppe) vor ein internationales Gericht gestellt und die Schuldigen verurteilt werden. Waffen dürften nur mit Erlaubnis der Weltregierung unter strengster Kontrolle hergestellt und verkauft werden. (Anders lässt sich auch das Problem des internationalen Terrorismus nicht in den Griff bekommen.)Wer sich nicht daran hält, muss ebenfalls vor ein internationales Gericht gestellt und verurteilt werden.

Eine solche Weltregierung könnte von den Regierungsvertretern der UN-Mitgliedsstaaten gewählt werden, in fernerer Zukunft vielleicht durch ein in weltweiten demokratischen Wahlen geschaffenes Weltparlament. Wahlkandidaten dürften nur zugelassen werden, wenn sie sich auf die Menschenrechte vereidigen lassen.

Das jährliche millionenfache Sterben durch Nahrungsmittelmangel und unsauberes Trinkwasser ist der größte Skandal unserer Zeit.

Eine **Weltsozialsteuer** müsste erhoben werden, und mit ihr müssten die schlimmsten Nöte in den armen Staaten bekämpft werden. Auch dieses könnte Aufgabe einer Weltregierung sein. Solange es keine gesetzlich geregelte globale Wirtschafts- und Sozialordnung gibt, in der faire Löhne gezahlt werden und durch die wenigstens das Existenzminimum aller Menschen garantiert wird , wird das Massenelend immer wieder Ursache von Bürgerkriegen und internationalem Terrorismus sein.

Es bedarf etwa 30 Mrd. Dollar jährlich, um den Hungertod weltweit zu beenden. Wie viele Milliarden Dollar werden demgegenüber allein für die Rüstung ausgegeben![28] Es ist möglich, den Krieg und den Hungertod abzuschaffen. Es muss nur genug Menschen geben, die es ernsthaft wollen.

„Nur in dem Maße, als durch den Geist eine Gesinnung des Friedens in den Völkern aufkommt, können die für die Erhaltung des Friedens geschaffenen Institutionen leisten, was von ihnen verlangt und gehofft wird." (Albert Schweitzer in seiner Rede bei der Entgegennahme des Friedensnobelpreises in Oslo 1954)[29]

---

[28] über 2200 Milliarden Dollar
[29] In: A. Schweitzer: Die Ehrfurcht vor dem Leben, S.127

8 Die religiöse Aufgabe

Auch religiöse Unterschiede waren und sind öfter Kriegsursache. Aber auch hier ist vieles in Bewegung geraten. Die Verteufelung Andersgläubiger ist nach dem 2. Weltkrieg deutlich zurückgegangen. Die Beachtung des Menschenrechts auf freie Religionsausübung hat weltweit zugenommen. Die römisch-katholische Kirche z.B. hat dieses Menschenrecht unter Papst Johannes XXIII Anfang der sechziger Jahre des vorigen Jahrhunderts erstmals anerkannt. In den ehemals kommunistischen Ländern werden nicht mehr alle Religionsgemeinschaften unterdrückt. Der interreligiöse Dialog findet ansatzweise statt. Es wird in zunehmendem Maße Menschen bewusst, dass das Liebesgebot in allen Religionen enthalten ist und Grundlage gemeinsamen Handelns für den Frieden sein kann. Die „Erklärung zum Weltethos" des Parlaments der Weltreligionen im Jahre 1993 ist Frucht solcher Überlegungen[30]. Traditionelle Dogmen, die Religionsgemeinschaften trennen, verlieren an Bedeutung oder werden sogar aufgegeben. Es gibt unübersehbar einen Prozess der Annäherung der Religionen. Zwar wird noch oft bei interreligiösen Begegnungen etwas ängstlich betont, man wolle keine Welteinheitsreligion, tatsächlich aber hat der Weg dorthin erfreulicherweise schon seit langem begonnen. Kant hat bereits 1794 in seiner Schrift „Zum ewigen Frieden" gemeint: „Verschiedenheit der Religionen: ein wunderlicher Ausdruck! Gerade als ob

---

[30] vgl. Literaturhinweise

man auch von verschiedenen Moralen spräche." Wie es seiner Auffassung nach nur eine allgemeingültige Moral geben könne, könne es auch „...nur eine einzige, für alle Menschen und zu allen Zeiten gültige Religion"[31] geben.

Jeder, der Mitglied einer Religionsgemeinschaft ist und auch bleiben möchte, kann dabei helfen, auf eine **alle Menschen verbindende aufgeklärte, vernünftige Religion** hinzuarbeiten, indem er seine eigene religiöse Glaubenstradition kritisch durchdenkt, alle unvernünftigen Dogmen ablehnt und sich für ihre Abschaffung einsetzt und indem er das Gute in seiner Religion fördert und er offener wird für das Gute auch in den anderen Religionen. Der Ansatzpunkt vernünftigen, aufgeklärten, religiösen Denkens, das Liebesgebot, ist ja in allen großen Religionen enthalten.
Wem dieser Weg zu mühsam ist, der könnte eventuell seine Religionsgemeinschaft wechseln, z.B. als Katholik zum weniger dogmatischen Protestantismus oder als Protestant zur noch weniger dogmatischen Quäkergemeinschaft übertreten. Ein Hindu könnte zum aufgeklärteren Buddhismus wechseln, ein Moslem zur aufgeklärteren Bahai-Religion.
Wem eine solche allmähliche Entwicklung weg von den veralteten Dogmen hin zu einer vernünftigen **Welteinheitsreligion** zu langsam geht, der hat die Möglichkeit, aus seiner Religionsgemeinschaft auszutreten und sich damit zufrieden zu geben, statt Hindu, Buddhist,

---

[31] a.a.o. S.80f in der Anmerkung

Jude, Christ, Moslem, Bahai usw. einfach ein möglichst liebevoller, um Vernunft und Aufklärung bemühter Mensch zu sein, der offen bleibt für die vielfältigen Anregungen auch von Seiten der Religionsgemeinschaften für einen menschen-, tier- und umweltfreundlichen Lebensstil.

Literaturhinweise

Braun, Herbert: Jesus, der Mann aus Nazareth und seine Zeit. 1988
          (GTB 1422)
Bruhn, Jörgen: Blicke hinter den Horizont 2009
Ewald, Hans: Nahtoderfahrungen. 2006
Huntington, Samuel.P: Kampf der Kulturen. 1996
Kant, Immanuel: Der Streit der Fakultäten. 1959 (Felix Meiner
          Verlag, PhB 252)
          Die Religion innerhalb der Grenzen der bloßen
          Vernunft. 1956 (PhB 45)
          Grundlegung zur Metaphysik der Sitten. 1957
          (PhB 41)
          Kritik der praktischen Vernunft. 1957 (PhB 38)
          Metaphysik der Sitten. 1959 (PhB 42)
          Was ist Aufklärung? 1999 (PhB 512)
          Zum ewigen Frieden.1992 (PhB 443)
Küng, Hans und Kuschel, Karl Joseph (Hg.):
          Erklärung zum   Weltethos.1993 (Serie Piper 1290)
          Weltfrieden durch Religionsfrieden. 1993
          (Serie Piper 1690)
Schweitzer, Albert: Die Ehrfurcht vor dem Leben, 1966
          (Beck Schwarze Reihe 255)
Ulfkotte, Udo: Heiliger Krieg in Europa. 2007